·新·

千字文

柯可 著

中華教育

新

千字文

柯可 著

責任編輯：王 玫

裝幀設計：小 草

排　版：小 草

印　務：劉漢舉

出版 / 中華教育

香港北角英皇道 499 號北角工業大廈 1 樓 B

電話：(852) 2137 2338　傳真：(852) 2713 8202

電子郵件：info@chunghwabook.com.hk

網址：http://www.chunghwabook.com.hk

發行 / 香港聯合書刊物流有限公司

香港新界大埔汀麗路 36 號 中華商務印刷大廈 3 字樓

電話：(852) 2150 2100　傳真：(852) 2407 3062

電子郵件：info@suplogistics.com.hk

印刷 / 中華商務彩色印刷有限公司

香港大埔汀麗路 36 號中華商務印刷大廈 14 字樓

版次 / 2018 年 10 月第 1 版第 1 次印刷

©2018 中華教育

規格 / 16 開（230mm x 170mm）

ISBN / 978-988-8571-23-9

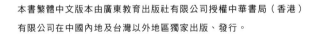

序　言

　　經歷了綿長的歷史時期，國學啟蒙讀物如《三字經》《百家姓》和《千字文》等書始終長存不輟，起過廣泛的教育作用，迄今仍然作為國學入門的津樑和階梯。之所以如此，重要原因之一是這類著作頗為適合初學者——特別是青少年。風雲變幻的歷史進程，異彩紛呈的傑出人物，短小的文字和豐厚的內涵，巧妙地融為一體，宛如一部袖珍版的百科全書，且詩行和韻，朗朗上口，便於誦讀記憶。

　　《新千字文》的亮點，首先在於「舊瓶裝新酒」，即是內容的創新和發展，以宏大史觀作為指導思想，力求真實地勾勒出中華民族悠久輝煌的歷史。《新千字文》的又一特色，是對中華文脈的關注和表述。優秀的民族傳統文化堪稱博大精深，絢麗多彩。既有儒、道、釋的完整體系，亦有關乎民生的建築、農桑、醫藥、飲食的典籍。至於文學藝術和工藝製作，更是令人讚歎不已。本書對於人們把握中華文脈，傳承中國歷史文化精華——中華民族的「魂」與「根」，無疑大有裨益。

　　本書從《新千字文》全文中精選了 100 個歷史故事，並配以拼音和插圖，內容囊括從「盤古開天闢地」到「孫中山先生建立中華民國」上下五千年的中國歷史。希望這本短小精悍、內容豐厚的《新千字文》能成為小朋友們認識國學、熟悉中國歷史的啟蒙讀物；更希望小朋友們可以和家長共同閱讀此書，在親子討論中增長知識的同時，促進家庭交流，令爸爸媽媽與孩子一同體會成長的快樂！

張磊

2018 年春 · 廣州

目　錄

《新千字文》
全文

宇宙悠渺　混沌恍惚　　制車南指　軒冕聚族
濁降清升　滋萌萬物　　養蠶植桑　嫘祖嫻淑
劈天闢地　盤古揮斧　　簡狄咽卵　嫄妃眷護
星宿分列　雷厲風怒　　堯推舜讓　鯀塞禹疏
精衛銜石　共工觸柱　　連山漁獵　終紲湯武
女媧造人　岩熔漏堵　　夏去殷替　歸藏測卜
牛郎織婦　杖林夸父　　周王演易　羑里禁錮
羿射暴日　瑤池宴府　　姜尚直釣　駿騏識途
嫦娥倚桂　月宮玉兔　　闞師待機　沉穩姬球
蚑柯避豹　有巢構屋　　旌麾蔽空　牧野紂怵
燧氏鑽木　獸肉食熟　　成康安寧　封疆裂土
崇邙臨河　龍馬背圖　　披肝瀝膽　叔旦三吐
洛紋交叉　靈龜馱書　　老聃尊道　積德常足
宓羲畫卦　乾坤定數　　孔丘敦仁　復禮弘儒
泰賣蒙姤　謙頤小畜　　墨俠兼愛　莊隱忘湖
履霜冰凍　弭患漸露　　孟軻浩氣　荀況跬步
神農嘗草　倉頡雨粟　　孫子伐謀　韓卿勢術
蚩尤歃血　黃帝馳驚　　百家爭鳴　一幟獨樹

五霸問鼎　七雄逐鹿　　僧情悲憫　偉貌佛窟
曹劌辨轍　管仲察鼠　　蕭獻隋璽　漕運遠輸
浣紗越溪　離騷傷楚　　貞觀盛世　思邈懸壺
商鞅變法　賞厚刑酷　　玄奘取經　媚娘熏沐
智勇藺相　完璧還主　　慧能偈頌　頓悟醍醐
負荊請罪　廉頗悔初　　霓裳韘羽　唐番親睦
連橫合縱　韜略鬼谷　　李白吟誦　曦霞若睹
狂掃群梟　九州秦屬　　杜甫千廈　庇士寒暑
揭竿率眾　劉殲項部　　茶聖品茗　掛綠何姑
文景無為　錢盈漢庫　　昌黎檄至　潭淨鱷出
張騫跋涉　崑崙湍瀑　　陳摶太極　酣睡拒祿
拓寬西域　絲綢彩路　　匡胤杯酒　釋權攘虜
史官忍辱　夜奔卓姝　　活字印刷　火藥威伏
落雁昭君　婚媾匈奴　　譽滿海內　宋瓷名賈
蔡紙輕潔　論衡辯誣　　劃粥割齏　包拯宰輔
傾斜樽體　承球蟾蜍　　介甫除弊　醉翁戀滁
點麗貂蟬　轅門呂布　　沈括筆談　嘯傲水滸
望梅止渴　削髮代顱　　濃蔭蘇堤　社稷憂苦
艙稱巨象　豆萁詩賦　　全忠岳帥　母刺兒膚
焚香結義　求賢茅廬　　陸游遺恨　摧肺叮囑
單刀赴會　療肌刮骨　　棄疾回首　愁啼鷓鴣
魏禪晉僭　鯨吞吳蜀　　可汗彎弓　歐亞臣服
鶴唳傳教　羅浮丹爐　　松雪顏柳　元曲鏨鼓

明皇設藩　永樂遷都　滬渝滇緬　洗瘴滌毒
幅員廣漠　高壘銅鑄　八載驅寇　赤縣旗舞
寶船領航　跨洲幾度　興業強國　縛蛟搏虎
粵關啟戶　葡蕃入住　援非拉美　得理多助
抗倭殊榮　懲貪罷黜　自力更生　氫爆蘑菇
閨塾春暖　聊齋魅狐　鄧公撥亂　正綱反哺
瓊樓錦心　鏡絲繡腹　實踐真知　索驥穿霧
鄭森收台　荷蘭潰伍　改革開放　先行齊富
少擒鼇拜　璦琿亮珠　慈儉化腐　基牢礎固
欽差銷煙　鏈鎖重埠　低碳環保　雙贏互補
撞艦偕亡　慟絕甲午　虛懷涵容　措置裕如
維新京畿　立憲洋務　習藝修身　淡泊靜篤
哀民似鯽　熱鍋煎煮　棋弈琴撫　憧憬溫故
快哉壯飛　引頸就戮　鐘磬韶音　桃源花竹
逸仙振臂　炮轟屠夫　博雅擷粹　妙策迎福
慷慨辛亥　後繼前仆　科學發展　鵬翔鳳翯
猛將搖籃　軍校駐戍　上醫善治　甘霖均覆
攻堅奪城　勁旅滅蠹　和諧普惠　金甌歆慕
豫章槍響　湘畔舉鋤　中華崛起　大同夢綵
井岡破剿　鐵流紅卒　蒼穹勝境　璀璨耀目
朱毛長征　播種陝崗
毅庵兵諫　蔣督禦侮
號角冀鄂　鏖鬥皖魯

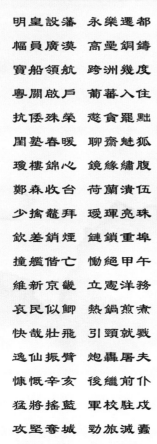

第一章

創世遠古

yǔ zhòu yōu miǎo　hùn dùn huǎng hū
宇宙悠渺¹ 混沌²恍惚³

zhuó jiàng qīng shēng　zī méng wàn wù
濁降清升 滋萌⁴萬物

❶ 悠渺：悠，長遠，悠久；渺，渺小，茫茫然，看不清楚；渺茫。

❷ 混沌：黑暗虛無，無形無序的狀態。

❸ 恍惚：迷離不清，難以捉摸。

❹ 滋萌：滋生萌發。

✦ 　　浩瀚無際的宇宙，最初混沌一片，難以分辨，後來才逐漸變化，清氣上升為天，濁氣下降為地，雲煙氤氳，滋養萌發了天下萬物。 ✦

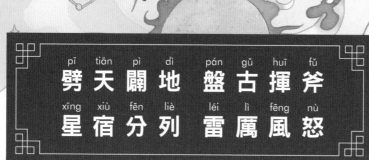

劈天闢地　盤古揮斧
pī　tiān　pì　dì　　pán　gǔ　huī　fǔ

星宿分列　雷厲風怒
xīng　xiù　fēn　liè　　léi　lì　fēng　nù

　　盤古揮動巨斧，開天闢地，他把身體、毛
髮、眼睛化為山河草木、日月星辰。點點星辰排
列於燦爛的天空，斗轉星移，天象變化，時而雷
聲激烈，時而狂風憤怒。

盤古

jīng wèi xián shí　gòng gōng chù zhù

精衞銜石　共工觸柱

nǚ wā zào rén　yán róng lòu dǔ

女媧¹造人　岩熔漏堵

❶　女媧：伏羲妻子，女神，傳說曾補天造人。

相傳炎帝的小女兒女媧渡海時被海水淹沒，變成了精衞鳥，她堅持不懈地銜石填海，日復一日。共工氏抗爭不服，一怒之下撞斷了不周之山，天穹破裂，向西北傾斜。女媧和泥摶土，施法造人，她不辭辛勞地收集了許多五彩石頭，熔煉後補好了天。

精衞

女媧

共工

15

qiú kē bì bào　yǒu cháo gòu wū

虯¹柯避豹　有巢構屋

suì shì zuān mù　shòu ròu shí shú

燧²氏鑽木　獸肉食熟

① 虯：長角的小龍，捲曲狀，如「虯鬚」，這裏指粗壯的大樹枝。

② 燧：古代取火的工具，燧石。燧人氏，又稱「燧皇」，名允婼，
　　三皇之一。

有巢氏

為了躲避狼蛇虎豹的侵擾，有巢氏教人們在大樹上構建了巢屋。「三皇」之首的燧人氏教人鑽木取火，把生獸肉燒熟了食用。

燧人氏

神農嘗草 倉頡[1]雨粟

shén nóng cháng cǎo　　cāng jié yǔ sù

神農

「三皇」之一的神農炎帝，為民眾健康，嘗盡百草瞭解藥性，不幸中毒身亡，永遠受人懷念。

黃帝的史官倉頡，從鳥跡裏琢磨出了造字規律，從此中華民族有了文字。人們變得更聰明，連上蒼也被感動，把穀子像雨一樣降下。

倉頡

蚩尤[1]歃血[2] 黃帝馳騖[3]
製車南指 軒冕[4]聚族

chī yóu shà xuè huáng dì chí wù
zhì chē nán zhǐ xuān miǎn jù zú

① 蚩尤：南方古部落首領，善戰，後成為戰神。

② 歃血：古人舉行盟會時，微飲牲血，或含於口中，或塗於口旁，以表示信守誓言的誠意。

③ 騖：奔馳。

④ 軒冕：指古代大夫以上官員的車乘和冕服。

蚩尤

炎帝

黃帝

　　面如牛首，背生雙翅，驍勇善戰的大酋長
蚩尤，號令九黎族歃血發兵，和駕車奮起迎戰的
黃帝，展開一場大血戰，後被尊為戰神。

　　黃帝創製了指南車，在這場戰鬥中大獲全
勝。他頭戴自己發明的王冠，和炎帝結盟，聚集
起炎黃各族人民。

堯帝

舜帝

　　賢明的堯帝經過考察，把帝位推舉給了孝順仁德的舜帝，還把兩個女兒娥皇和女英都嫁給了他。舜帝年老後又把王位禪讓給了大禹。

　　大禹繼位後吸取父親鯀用息壤（一種傳說能自己生長，永不減耗的土壤）堵塞治水失敗的教訓，改用疏導的方法治洪成功，建立起中國第一個王朝——夏。

yáo tuī shùn ràng　gǔn sāi yǔ shū

堯 推 舜 讓　鯀[1] 塞 禹 疏

❶ 鯀：古人名，大禹的父親，治水神勇之士。

大禹

第二章

夏商周秦

周文王

zhōu wáng yǎn yì　yǒu lǐ jìn gù
周 王 演 易　羑 里¹禁 錮²
jiāng shàng zhí diào　jùn qí shí tú
姜 尚 直 釣　駿 騏³識 途

❶ 羑里：古地名，在今河南安陽市。

❷ 錮：把金屬熔化以澆灌堵塞空隙；禁錮指禁閉。

❸ 騏：有青黑色紋理的馬；騏驥(qí jì)，指千里馬，借指人才。

26

周文王被商紂王抓到羑里監獄監禁後，抓緊時間，演繹出了以天為首卦的《周易》。

周文王被釋放後所重用的姜太公，是一位一直用直鈎在渭水河畔釣魚，等候願者上鈎，治國有方的「識途老馬」。

姜太公

周武王

yuè shī dài jǐ　chén wěn jī wǔ
閱師待機　沉穩姬琺[1]
jīng huī bì kōng　mù yě zhòu chù
旌麾[2]蔽空　牧野紂[3]怵[4]

❶　琺：像玉的美石。

❷　旌麾：帥旗；指揮軍隊的旗幟。

❸　紂：商朝末代君主。

❹　怵：害怕，發怵。

　　周武王姬琺在孟津檢閱會師的諸侯時，主動後撤，沉穩地等待滅商時機成熟。

　　周武王勇敢地舉旗指揮作戰，在牧野大戰中所向披靡，令紂王驚恐自焚，最終一舉滅商，建立起周朝。

老子

　　道祖老子尊道貴德，知足常樂，他親著《道德經》，成為一代哲聖。

　　儒聖孔子崇尚仁義，弘揚儒學，他不惜顛沛流離，帶着弟子們周遊列國，宣揚克己復禮的政治主張，成為世界著名教育家。

老聃¹尊道　積德常足
lǎo dān zūn dào　jǐ dé cháng zú

孔丘敦仁²復禮弘儒
kǒng qiū dūn rén　fù lǐ hóng rú

❶ 聃：耳朵長而大；老子，字聃。

❷ 敦仁：敦厚仁孝。

孫武

孫子伐謀　韓卿勢術
sūn zǐ fá móu hán qīng shì shù

百家爭鳴　一幟獨樹
bǎi jiā zhēng míng yī zhì dú shù

✤　　兵聖孫武主張上兵伐謀，攻心為上。法家的集大成者韓非子，主張帝王要善用法術勢駕馭羣臣，集權治國。春秋戰國時期，百家爭鳴，各樹一幟，進入了世界軸心文化時期。　✤

wǔ bà wèn dǐng　qī xióng zhú lù
五霸問鼎　七雄逐鹿
cáo guì biàn zhé　guǎn zhòng chá shǔ
曹劌[1]辨轍　管仲察鼠

❶ 劌：刺傷，劃傷。此處為人名，曹劌。

✚　　春秋五霸爭雄天下，戰國七雄逐鹿中原。楚莊王問周鼎輕重，圖謀不軌。曹劌善辨車跡，指揮魯軍一鼓作氣地打敗了齊軍。齊相管仲治國有方，深刻地揭示出「社鼠」（藏身於地廟內的老鼠，比喻君主身邊的不良之臣）對國家的危害。　　✚

34

曹劌

huàn shā yuè xī　lí sāo shāng chǔ
浣¹紗越溪　離騷傷楚
shāng yāng biàn fǎ　shǎng hòu xíng kù
商鞅變法　賞厚刑酷

❶ 浣：洗，洗衣服。後世人多以「浣紗」代指西施。

✚　　在越溪洗紗的西施，協助越王勾踐打敗了吳王夫差。

　　楚國的愛國詩人屈原，寫下不朽的楚辭《離騷》，他為楚國的覆滅哀傷，投江殉國。

　　商鞅率先變法，厚賞嚴刑，獎耕勵戰，使秦國迅速強大起來。

西施

屈原

門北

商鞅

37

藺相如

　　智勇雙全的藺相如，不畏秦王淫威，他機智應對，留下完璧歸趙的青史美名。

　　名將廉頗後悔當初居功自傲，幾乎誤國，他背負着荊條，親自登門向藺相如請罪。

秦王

zhì yǒng lìn xiàng wán bì huán zhǔ
智勇藺相 完璧還主
fù jīng qǐng zuì lián pō huǐ chū
負荊請罪 廉頗悔初

藺相如

廉頗

負荊請罪

lián héng hé zòng tāo lüè guǐ gǔ

連 橫 合 縱 韜 略¹鬼 谷

kuáng sǎo qún xiāo jiǔ zhōu qín shǔ

狂 掃 羣 梟² 九 州³秦 屬

❶ 韜略：原指《六韜》《三略》等兵書，後引申為用兵計謀。

❷ 梟：魁首，首領。

❸ 九州：中國的代稱。

　　主張聯合秦國打擊弱國的連橫派張儀，與主張團結六國以制秦的合縱派蘇秦等，都是韜略非凡的鬼谷子王詡的高徒。秦始皇因勢利導，橫掃六合，兼併各國，同文同軌。

鬼谷子

秦始皇

41

第 三 章

大漢魏晉

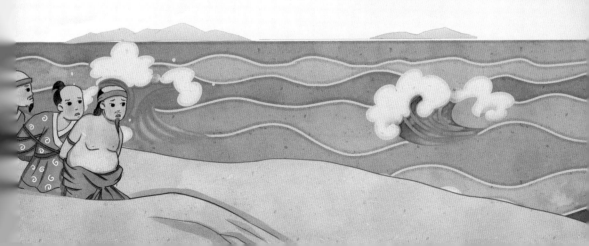

陳勝

項羽

jiē	gān	shuài	zhòng	liú	jiān	xiàng	bù
揭	竿	率	眾	劉	殲	項	部
wén	jǐng	wú	wéi	qián	yíng	hàn	kù
文	景	無	為	錢	盈	漢	庫

✦ 陳勝揭竿起義，率領大眾反抗秦國暴政。

劉邦的隊伍殲滅了西楚霸王項羽各部，建立起大漢王朝。漢文帝和漢景帝採取黃老之術，無為而治，休養生息，使錢糧堆滿了朝廷倉庫。 ✦

張騫跋涉　崑崙湍瀑
zhāng qiān bá shè　kūn lún tuān pù

拓寬西域　絲綢彩路
tuò kuān xī yù　sī chóu cǎi lù

張騫

46

絲綢之路

　　卓越的探險家與外交家張騫為擺脫國家困境，
艱苦跋涉，穿越巍巍崑崙山的葱嶺激流，出使西域。
　　漢武帝雄才大略，擊退匈奴進犯，拓寬了國
家疆界，為陸上絲綢之路鋪上了各國友誼交往的彩
帶，引進了汗血寶馬、葡萄、苜蓿、石榴、胡麻等
物品。

司馬遷

王昭君

司馬相如

卓文君

shǐ guān rěn rǔ　　yè bēn zhuó shū
史官忍辱　夜奔卓姝¹
luò yàn zhāo jūn　　hūn gòu xiōng nú
落雁²昭君　婚媾³匈奴

❶ 姝：美女，這裏指卓文君。

❷ 落雁：王昭君的美貌與所奏琴音之哀怨，令天上的大雁忘記
　擺動翅膀，跌落地上。故後世以「落雁」代稱昭君。

❸ 媾：結合，交合，這裏指結婚。

✛　　太史公司馬遷，忍受遭腐刑的奇恥大辱，
完成了輝煌巨著《史記》。

　　卓文君聽琴知心，隨司馬相如連夜私奔，
大膽追求愛情幸福。

　　王昭君隨大雁遠嫁單于，完成了漢匈和親
的使命。　　　　　　　　　　　　　　　　✛

蔡　紙　輕　潔　　論　衡　辯　誣
cài　zhǐ　qīng　jié　　lùn　héng　biàn　wū

傾　斜　樽¹　體　　承　球　蟾　蜍²
qīng　xié　zūn　tǐ　　chéng　qiú　chán　chú

① 樽：古代盛酒的器具。

② 蟾蜍：俗稱癩蛤蟆。

蔡倫

蔡倫造出的紙張輕盈白潔，成為中國四大發明之一。王充的《論衡》雄辯有力，駁斥了各種謬說。著名科學家張衡發明了渾天儀和地震儀，地震時儀器的樽體一傾斜，承接龍球的蟾蜍即可指明地震的方位。

狡黠美麗的貂蟬，以連環計除掉了禍國擅權的董卓。呂布一箭穿過轅門戟心，解除了劉備兵弱將寡的困局。

貂蟬

黠¹麗貂蟬 轅²門呂布
xiá lì diāo chán yuán mén lǚ bù

1. 黠：聰明而狡猾。
2. 轅：車前駕牲畜的兩根直木；舊時指軍營、官署的外門。「轅門」指「轅門射戟」的典故，即呂布在轅門以精湛箭技射中百步外的戟，阻止袁術攻打劉備的故事。

望梅止渴¹ 削髮代顱

wàng méi zhǐ kě xuē fà dài lú

① 望梅止渴：曹操領兵行軍，士兵口渴但缺水。曹操稱前方有
梅林，以此引導士兵加快行軍，止住口渴。

　　曹操用望梅止渴，割頭髮代替砍頭的方法，
激勵士氣，紀律嚴明，執行認真。

cāng chēng jù xiàng　dòu qí shī fù
艙稱巨象 豆萁[1]詩賦[2]

① 萁：豆莖，也指一種草。

② 豆萁詩賦：一個典故。三國時代，曹丕欲殺其弟曹植，命令「才高八斗」的曹植必須在七步之內寫成一首詩，否則殺無赦。

　　聰明的少兒曹沖，利用船艙稱得大象重量；曹植以煮豆燃豆萁為題，七步之內，賦成小詩，逃過了曹丕的加害。

曹沖

曹丕

曹植

57

fén xiāng jié yì　qiú xián máo lú

　　劉備、關羽、張飛三人，在桃園焚香結義，結為異姓兄弟，同心創業。

　　劉備兄弟求賢若渴，三顧茅廬，請出諸葛亮擔任賢相，創建了蜀漢王朝，三分天下。

劉備

張飛

關羽

三顧茅廬

諸葛亮

關羽

魯肅

單刀赴會

關羽無懼艱險，單刀赴會保荊州。關羽中箭後，華佗為他刮骨去毒，敷藥療肌，恢復武功，無愧神醫。魏文帝逼漢獻帝禪讓，建立魏國後不久，司馬炎僭位稱帝，鯨吞蜀吳，建立晉朝，一統天下。

單刀赴會 療肌刮骨
dān dāo fù huì　liáo jī guā gǔ

魏禪晉僭[1] 鯨吞[2]吳蜀
wèi shàn jìn jiàn　jīng tūn wú shǔ

❶ 僭：超越本分，古代指地位在下的冒用在上的名義或禮儀、
　 器物。
❶ 鯨吞：像鯨魚一樣吞食，形容大量侵佔。

華佗

關羽

刮骨療毒

第四章

隋唐炎宋

xiāo xiàn suí xǐ cáo yùn yuǎn shū
蕭獻隋璽[1] 漕運[2]遠輸

zhēn guān shèng shì sī miǎo xuán hú
貞觀盛世 思邈懸壺

❶ 璽：帝王之印。

❷ 漕運：舊時從水路運米供給京城或供應軍旅。

孫思邈

　　✢　　蕭皇后明智地將隋朝國璽獻給唐太宗，入
宮受封，得以安享晚年。隋代開通的世界著名的
大運河，將漕糧物資運輸京都各地，大大方便了
帝國交通。

　　　　唐太宗英明納諫，尊崇老子治國之道，開
創了貞觀盛世。道家神醫孫思邈一心懸壺濟世，
醫術高明，救助百姓。　　　　　　　　✢

65

玄奘

武則天

xuán zàng qǔ jīng　mèi niáng xūn mù
玄奘取經　媚娘¹熏沐²
huì néng jì sòng　dùn wù tí hú
慧能偈³頌　頓悟醍醐⁴

❶ 媚娘：武媚娘，又名武則天、武曌，唐高宗的皇后，曾稱帝
建立武周政權，後歸政於唐。

❷ 熏沐：熏香和沐浴，古人禱告禮佛之前的淨身儀式。

❸ 偈：深含佛理的詩句。

❹ 醍醐：酥酪上凝聚的油。醍醐灌頂，用純酥油澆到頭上。佛
教指灌輸智慧，使人徹底覺悟。

✛　　唐代高僧玄奘捨身求法，歷經萬難，西行
印度，取回佛教真經。

中國第一位女皇帝武則天君臨天下後，焚
香敬佛，政績不凡。

慧能以「菩提本無樹」的偈語傳承衣缽，
成為禪宗六祖，花開五葉，他頓悟後開講的《壇
經》，令世人聽後如醍醐灌頂。　　　　✛

ní cháng yàn yǔ　táng fān qīn mù[1]
霓裳豔羽　唐番親睦[1]

lǐ bái yín sòng　xī xiá ruò dǔ
李白吟誦　曦[2]霞若睹

❶ 睦：親近、和好，交好。

❷ 曦：早晨的陽光。

楊貴妃

68

開元盛世，唐玄宗與楊貴妃創演了霓裳羽衣舞，驚豔天下，周邊番國歆慕盛唐燦爛文化，紛紛派使者前來與唐朝交好。

詩仙李白斗酒百篇，他的浪漫吟誦，讓讀者似乎親眼目睹了他筆下大唐江山那爛漫迷人的晨光彩霞。

李白

宋太祖

杯酒釋兵權

✚　　宋太祖趙匡胤黃袍裹身，杯酒釋兵權，建
立起文化繁榮的宋王朝。畢昇發明了膠泥活字印
刷術。道家煉丹發明的火藥威力強大，被各國利
用來開山破石，攻城炸堡，降伏敵人。　　✚

匡胤[1]杯酒　釋權[2]攘虜
kuāng yìn bēi jiǔ　shì quán rǎng lǔ

活字印刷　火藥威伏
huó zì yìn shuā　huǒ yào wēi fú

❶ 匡胤：指趙匡胤，宋朝的開國皇帝，即宋太祖。

❷ 釋權：引用宋太祖「杯酒釋兵權」故事，指宋太祖為加強中央集權，防止武將篡位，在酒宴上藉醉威脅利誘，暗示將領們交出兵權。

畢昇

譽　滿　海　內　宋　瓷　名　賈[1]
yù mǎn hǎi nèi sòng cí míng gǔ

劃　粥　割　齏[2]　包　拯　宰　輔[3]
huá zhōu gē jǐ bāo zhěng zǎi fǔ

❶ 賈：做生意的人，商人。

❷ 齏：搗碎，細，碎。

❷ 宰輔：輔政的大臣。一般指宰相。

范仲淹

　　✝　　宋代經濟文化繁榮，名商大賈，瓷精貨良，享譽
海內外。

　　　　范仲淹少年貧寒，每天把粥煮好凍結後劃成數
塊，與切成細末的鹹菜一起吃，刻苦讀書。他當官後留
下了「先天下之憂而憂，後天下之樂而樂」的名言。

　　　　包拯被人們稱讚為鐵面無私的「包青天」「黑包
公」，他一生實踐了自己「秀幹終成棟，精鋼不作鈎」
的誓言，謚號孝肅，成為朝廷維持正義的清廉宰輔。✝

nóng yīn sū dī　shè jì yōu kǔ
濃蔭蘇堤　社稷[1]憂苦

quán zhōng yuè shuài　mǔ cì ér fū
全忠岳帥　母刺兒膚

❶ 社稷：社，指土神。稷，古人認為稷是百穀之長，故稱穀神為稷。社稷，象徵國家。

　　✦　大文豪蘇東坡為民修建湖堤，造福百姓，十分關心社稷安危與民眾疾苦。

　　忠心耿耿的岳飛元帥，率領的岳家軍所向披靡，令金兵聞風喪膽，這得益於慈母姚太夫人的教誨，早年在他後背刺上了「精忠報國」四個字。　✦

蘇東坡

岳母刺字

岳飛

第五章

元明清朝

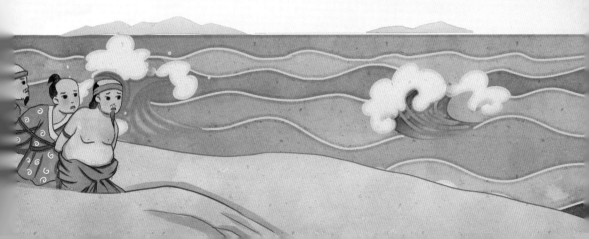

成吉思汗

kè hán wān gōng　ōu yà chén fú
可汗彎弓　歐亞臣服
sōng xuě yán liǔ　yuán qǔ pí gǔ
松雪¹顏柳　元曲鼙²鼓

❶ 松雪：元代書畫家趙孟頫（fǔ），號松雪道人，簡稱松雪。

❷ 鼙：古代軍中的一種小鼓。

✦　　一代天驕成吉思汗，鐵馬彎弓射大鵰，征服了歐亞各國，奠定了元朝根基。

　　元代趙孟頫的書法，堪與唐代書法大家顏真卿、柳公權、歐陽詢的作品媲美。大戲劇家關漢卿創作出了針砭時弊、鼙鼓驚天的元雜劇《竇娥冤》。　　✦

竇娥

míng huáng shè fān yǒng lè qiān dū
明皇設藩[1] 永樂[2]遷都
fú yuán guǎng mò gāo lěi tóng zhù
幅員廣漠 高壘銅鑄

❶ 藩：籬笆，屏障，封建時代稱分封的附屬小國及土地。

❷ 永樂：明成祖朱棣的年號，後用以代指明成祖。

✦　　明太祖朱元璋，為鞏固政權，大設藩王。
燕王朱棣奪得皇位後，由南京遷都北京，開創了
永樂盛世；他組織編修了《永樂大典》，使明朝
的版圖擴大，長城綿長，高壘堅固。　　　　✦

永樂大典

朱棣

　　鄭和的寶船，率領萬眾遠航，幾度跨越亞洲，抵達南極洲、非洲等地。廣州的粵海關開啟了通商門戶，葡萄牙人入住澳門三百餘年，促進了中西文化的交流。

寶 船 領 航 跨 洲 幾 度
bǎo chuán lǐng háng kuà zhōu jǐ dù

粵 關 啟 戶 葡 蕃¹ 入 住
yuè guān qǐ hù pú fān rù zhù

❶ 葡蕃：代指葡萄牙。

83

zhèng sēn shōu tái　hé lán kuì wǔ
鄭森¹收台　荷蘭潰伍
shào qín áo bài　ài huī liàng zhū
少擒鰲拜　璦琿²亮珠

❶ 鄭森：後名鄭成功，明末清初抗清名將，從荷蘭侵略者手中
奪回台灣。

❷ 璦琿：地名，東北重鎮，黑龍江省原省會。

康熙帝

鰲拜

　　明末的民族英雄鄭成功，一舉收復了台灣，讓荷蘭侵略者的隊伍潰敗如山倒。

　　清朝的康熙帝年少時智擒鰲拜，即位後更奮發有為，大破準噶爾，獲勝雅克薩，抵禦了沙俄侵犯，保衞了黑龍江以北的大片國土，令名城瑷琿如明珠般熠熠生輝。

虎門銷煙

林則徐

甲午海戰

qīn chāi xiāo yān liàn suǒ zhòng bù
欽差¹銷煙 鏈鎖重埠
zhuàng jiàn xié wáng tòng jué jiǎ wǔ
撞艦偕²亡 慟³絕甲午⁴

❶ 欽差：代指被任命為欽差大臣的林則徐。

❷ 偕：一起。

❸ 慟：大哭。

❹ 甲午：指爆發於1894年（農曆甲午年）的第一次中日戰爭。

✚ 　欽差林則徐剛毅有謀，在虎門焚燒鴉片煙，設立炮臺，鐵鏈鎖江，保衞了華南重埠廣州。

　甲午海戰中，時任北洋水師管帶一職的鄧世昌駕艦誓與敵旗艦「吉野號」相撞同歸於盡，壯烈殉國。

鄧世昌

維新京畿¹立憲洋務
wéi xīn jīng jī lì xiàn yáng wù

❶ 畿：國都周邊的廣大地區，京畿指首都北京及其附近的地區。

公車上書

康有為

痛定思痛的康有為、梁啟超與在京舉人一起
「公車上書」，獲光緒帝支持發起了「維新運動」，
但最終還是與主張自強求富、一舉收復新疆的左宗
棠等為代表人物發起的「洋務運動」，以及主張廢
除君主專制改行君主立憲制的「立憲運動」一樣，
相繼受挫失敗了。

戊戌六君子

譚嗣同

90

āi mín sì jì rè guō jiān zhǔ
哀民似鯽[1] 熱鍋煎煮
kuài zāi zhuàng fēi yǐn jǐng jiù lù
快哉壯飛[2] 引頸就戮[3]

❶ 鯽：魚類的一種，鯽魚。

❷ 壯飛：指譚嗣同，字復生，號壯飛。

❸ 戮：殺戮，殺害。

✚　　全國有識之士無不痛恨滿清政府的喪權辱國，無不為災難深重的人民如熱鍋煎煮的鯽魚而哀痛。「百日維新」失敗後，「戊戌六君子」英勇就義，譚嗣同臨刑時面無懼色，大呼「快哉」！　✚

yì xiān zhèn bì pào hōng tú fū
逸仙¹振臂 炮轟屠夫²
kāng kǎi xīn hài hòu jì qián pū
慷慨辛亥³後繼前仆

❶ 逸仙：孫中山，名文，號逸仙，幼名帝象，化名中山樵。

❷ 屠夫：代指殘酷腐朽的清朝政府。

❸ 辛亥：指爆發於1911年（農曆辛亥年）的革命。革命旨在推
翻清朝專制帝制，建立現代民主共和制國家。

孫中山

武昌起義

孫中山遭清政府追捕，蒙難英國。他鬥志不減，振臂號召國人不斷舉行起義，炮轟滿清屠夫。

在孫中山、黃興的領導下，革命義士英勇奮鬥，前仆後繼，先後發動「黃花崗起義」「武昌起義」，終於取得辛亥革命的偉大勝利，走向共和。

南梁·周興嗣版
《千字文》

天地玄黃　宇宙洪荒　蓋此身髮　四大五常
日月盈昃　辰宿列張　恭惟鞠養　豈敢毀傷
寒來暑往　秋收冬藏　女慕貞絜　男效才良
閏餘成歲　律召調陽　知過必改　得能莫忘
雲騰致雨　露結爲霜　罔談彼短　靡恃己長
金生麗水　玉出崑岡　信使可覆　器欲難量
劍號巨闕　珠稱夜光　墨悲絲淬　詩讚羔羊
果珍李柰　菜重芥薑　景行維賢　克念作聖
海鹹河淡　鱗潛羽翔　德建名立　形端表正
龍師火帝　鳥官人皇　空谷傳聲　虛堂習聽
始制文字　乃服衣裳　禍因惡積　福緣善慶
推位讓國　有虞陶唐　尺璧非寶　寸陰是競
弔民伐罪　周發殷湯　資父事君　曰嚴與敬
坐朝問道　垂拱平章　孝當竭力　忠則盡命
愛育黎首　臣伏戎羌　臨深履薄　夙興溫凊
遐邇壹體　率賓歸王　似蘭斯馨　如松之盛
鳴鳳在樹　白駒食場　川流不息　淵澄取映
化被草木　賴及萬方　容止若思　言辭安定

篤初誠美　慎終宜令　既集墳典　亦聚羣英
榮業所基　籍甚無竟　杜稾鍾隸　漆書壁經
學優登仕　攝職從政　府羅將相　路俠槐卿
存以甘棠　去而益詠　戶封八縣　家給千兵
樂殊貴賤　禮別尊卑　高冠陪輦　驅轂振纓
上和下睦　夫唱婦隨　世祿侈富　車駕肥輕
外受傅訓　入奉母儀　策功茂實　勒碑刻銘
諸姑伯叔　猶子比兒　磻溪伊尹　佐時阿衡
孔懷兄弟　同氣連枝　奄宅曲阜　微旦孰營
交友投分　切磨箴規　桓公匡合　濟弱扶傾
仁慈隱惻　造次弗離　綺迴漢惠　說感武丁
節義廉退　顛沛匪虧　俊乂密勿　多士寔寧
性靜情逸　心動神疲　晉楚更霸　趙魏困橫
守真志滿　逐物意移　假途滅虢　踐土會盟
堅持雅操　好爵自縻　何遵約法　韓弊煩刑
都邑華夏　東西二京　起翦頗牧　用軍最精
背邙面洛　浮渭據涇　宣威沙漠　馳譽丹青
宮殿盤鬱　樓觀飛驚　九州禹跡　百郡秦并
圖寫禽獸　畫彩仙靈　嶽宗恆岱　禪主云亭
丙舍傍啟　甲帳對楹　雁門紫塞　雞田赤城
肆筵設席　鼓瑟吹笙　昆池碣石　鉅野洞庭
升階納陛　弁轉疑星　曠遠綿邈　巖岫杳冥
右通廣內　左達承明　治本於農　務茲稼穡

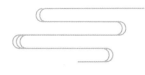

俶載南畝　我藝黍稷　　晝眠夕寐　藍筍象牀

稅熟貢新　勸賞黜陟　　弦歌酒讌　接杯舉觴

孟軻敦素　史魚秉直　　矯手頓足　悅豫且康

庶幾中庸　勞謙謹敕　　嫡後嗣續　祭祀烝嘗

聆音察理　鑑兒辨色　　稽顙再拜　悚懼恐惶

貽厥嘉猷　勉其祇植　　箋牒簡要　顧答審詳

省躬譏誡　寵增抗極　　骸垢想浴　執熱願涼

殆辱近恥　林皋幸即　　驢騾犢特　駭躍超驤

兩疏見機　解組誰逼　　誅斬賊盜　捕獲叛亡

索居閒處　沉默寂寥　　布射遼丸　嵇琴阮嘯

求古尋論　散慮逍遙　　恬筆倫紙　鈞巧任釣

欣奏累遣　感謝歡招　　釋紛利俗　並皆佳妙

渠荷的歷　園莽抽條　　毛施淑姿　工顰妍笑

枇杷晚翠　梧桐早凋　　年矢每催　曦暉朗耀

陳根委翳　落葉飄飖　　琁璣懸斡　晦魄環照

游鯤獨運　夌摩絳霄　　指薪修祜　永綏吉劭

耽讀翫市　寓目囊箱　　矩步引領　俯仰廊廟

易輶攸畏　屬耳垣牆　　束帶矜莊　徘徊瞻眺

具膳喰飯　適口充腸　　孤陋寡聞　愚蒙等誚

飽飫烹宰　飢厭糟糠　　謂語助者　焉哉乎也

親戚故舊　老少異糧

妾御績紡　侍巾帷房

紈扇圓潔　銀燭煒煌